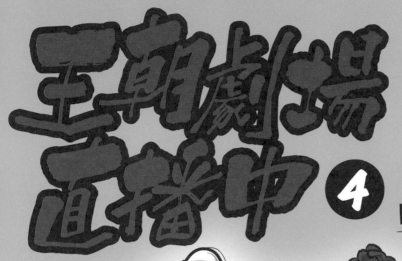

賽雷三分鐘漫畫中國史

賽雷 著

王朝劇場直播中 ④

【隋唐～五代十國】

目 錄

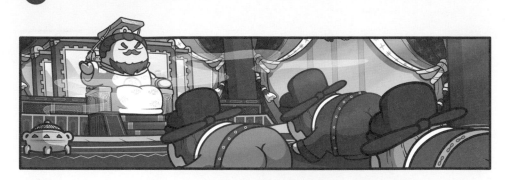

1
隋朝篇（上）

改變中國的科舉制

提起中國古代最強大的王朝，大家肯定不會忘記把唐朝算進去。但我們總說「隋唐」，例如：

什麼《隋唐演義》啊，《隋唐英雄傳》啊！

隋朝這個和唐朝綁定的朝代，看起來沒有什麼存在感，似乎只是個弱者，命中注定被唐朝取代。

謝謝大家對唐唐的厚愛，謝謝大家！

📖 但很多讀者可能不知道，隋朝也非常強大，強到什麼地步呢？
唐朝建立三十多年，處於經濟復甦的時期。

在一項數據上，卻沒能比過隋朝的輝煌……

📖 而這份輝煌的起點，毫無疑問是隋朝的第一位皇帝，隋文帝楊堅。
他在南北朝的亂世中發家，東征西討，消滅視線內的一切敵人，最終讓天下再次統一。

如果你以為隋文帝只是打仗厲害的莽夫，那就大錯特錯了。

他治國的本領也非常了得，上位後不久，就創立兩項流傳千古的制度。

不就是動動筆的事嘛！有什麼難的！

其一是朝廷中的「三省六部制」，所謂三省就是：中書省、門下省、尚書省。分別負責寫詔書、審核、執行。

皇帝

中書省　　門下省　　尚書省

執行命令的尚書省，又下轄六部，即吏、禮、兵、度支、都官、工。六部分管不同具體的事務，例如吏部管官員考核，兵部管軍事等。

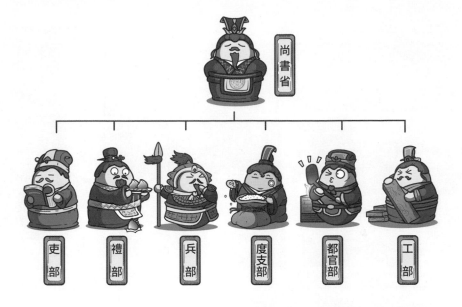

這法子有何好處呢？隋朝之前，政務是由丞相或宰相總攬，很容易出現欺上瞞下，甚至篡權的問題。

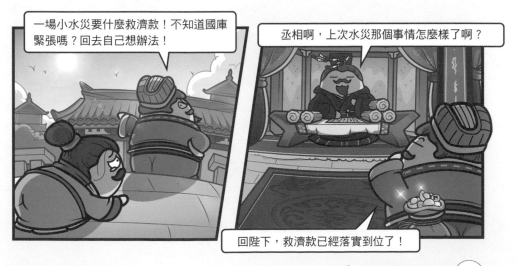

📖 隋文帝設置三省，就是將丞相的大權一分為三，三省互相牽制、互相監督，很難耍什麼花樣。

📖 而尚書省門下的六部，分工明確，各司其職。

平時辦點什麼事，該讓誰做就讓誰去做，避免了你推我、我推你的後果。

🪨 如果出了什麼問題，也好在第一時間找人問責，想甩鍋是甩不掉的。

🪨 隋文帝這套三省六部制，兼具創造性和實用性，後世都繼承這個制度。

🍞 隋文帝的另一項偉大舉措，同樣影響深遠，就是科舉制。

🍞 對於科舉制，大家都不陌生，就是透過全國性考試來選拔官員，不問出身，不問貧富，完全按成績論英雄，算是現在公務員考試的老祖宗了。

今天的社會都是透過考試來公平選拔人才，所以大家會覺得稀鬆平常。

但對古人而言，科舉制的實行是一個非常、非常巨大的進步，尤其是與之前的選官方式相比。

隋朝創立科舉制前，中國實行過三種選官方式。

最早是世襲制，你爹是將軍，你以後就繼承他的將軍之位，你兒子未來又會繼承你的官職。

後來，世襲制被改成察舉制和九品中正制，就是叫一些官員推薦有名望、有才能和有德行的人，朝廷再考核一下，通過後就能入職了。

世襲制的致命缺陷在於，虎父之後說不定是犬子，因為能力不完全由遺傳基因決定。

🪨 而察舉制和九品中正制的缺點，在於官員未必會推薦德才兼備的人。

這些官員可能為了一己之私，推薦自家親戚、門生，或者送錢、送禮給自己的人，說白了就是「走後門」。

🪨 但到隋文帝這裡開始搞科舉，就徹底清淨了，乾脆直接出一份考卷讓大家來考試，主要科目是儒家經典、詩賦、政論。

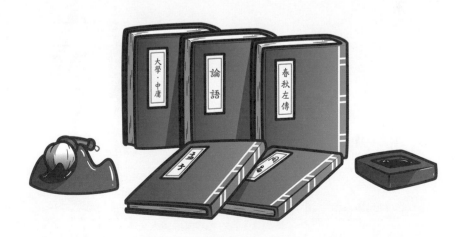

考卷面前眾生平等，你過得了這關，就證明自己的能力很強，不需要誰替你擔保。

這種唯成績論的選拔方式，大大減少關係戶的數量，最大程度避免了結黨營私，官員的基本素質也有了保障，至少不會讓文盲混進來。

🍘 貴族和平民之間的矛盾也得到緩解，因為寒門子弟只要用功讀書，也有機會透過科舉鹹魚翻身。

🍘 在三省六部制和科舉制的加持下，朝廷擁有大批人才和極高的辦事效率。

隋文帝的各種治國想法，
就能順利實施。

🍚 隋文帝都做了些什麼事呢？

　　首先就是省錢，瘋狂削減各級官府的經費，一個子掰成兩個花，沒有大用處的部門直接被撤掉，連職員的遣散費都不給，手底下的人還沒脾氣。

🍚 因為隋文帝平時對自己也特別摳門，捨不得用金銀玉器，捨不得買禮物哄老婆開心，吃飯都不捨得多點幾道肉菜……

為了減少養兵的軍費，隋文帝還想出兵農合一的法子。

和平時期，士兵們就分散在各自的駐地，每天種田替自己掙口糧。

我堂堂七尺男兒，正是拋灑熱血的時候，卻要窩在這小山頭裡種地！氣死我也！

空餘時間完成訓練項目，每年十一月再搞一次大演習，藉此保持戰鬥力，等到開戰時，朝廷再從各地召集這些士兵。

將軍，不要再種啦！該出發去打仗啦！

你去告訴陛下，老子不幹了！我愛上了做農夫的感覺！

有歷史學家統計過，隋文帝開始摳門後，中央朝廷的支出減少三分之二，地方官府的花費更是減少四分之三，堪稱省錢省到喪心病狂的地步。

不過，光會省錢也沒用啊！都說開源節流才能發財，隋文帝還得想法子搞收入。

古代的中國向來以農為本，所以振興農業是不二之選。

隋文帝繼承南北朝時期的均田制，將無主的荒地分配給農民，人人都有分。
農民得到的土地又分為兩部分：一些是露田，你到六十歲時得還給國家。

一些是永業田，拿到後就永遠歸你，遇到什麼事便可以賣掉救急，年紀大了可以拿來養老。

🍞 這種土地制度讓農民有了墾荒的動力，幹活也更有積極性。

快！現在就去幫我家……你家的地鬆鬆土！

咚咚 咚 咚 咚

🍞 隋文帝當然也不虧，因為他要收稅，農民的收成愈好，隋朝的國庫自然愈充實。

嗯，今年收成不錯，交了這麼多！

📖 根據史書記載，隋文帝晚年時，官府的糧倉全部爆滿，足夠讓天下百姓吃五、六十年！

陛下，糧倉全部都塞滿了！又爆了！

📖 就算古人是用了誇張手法，我們暫且打個五折吧 —— 足夠吃三十年。

這也是筆極其驚人的積蓄了。

🕮 一九六九年，考古隊在洛陽發現一處隋朝倉庫的遺址。

　　這裡僅探明東北部和南部的二百八十七個糧窖，其中一個糧窖被發掘，殘留著半窖已炭化的穀子，估計當時滿窖能儲存五十萬斤左右，真是用實物證明隋朝曾經有多麼富裕。

🕮 與此同時，隋朝的總人口在當時達到四千四百五十萬左右。

大家可能不太理解這個數字代表什麼。

🪙 四千四百五十萬意味著，隋文帝從南北朝的戰亂中接手這片天下後，僅用了十餘年時間，就像變魔術似地讓人口翻了一倍。

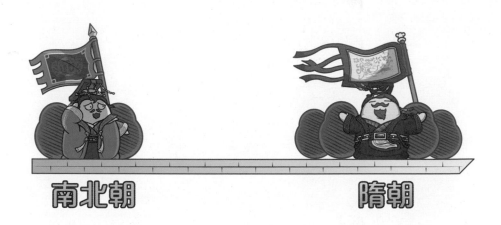

南北朝　　　　　　　　　　　　隋朝

🪙 四千四百五十萬意味著，公認無敵的唐朝，在三十多年的休養生息後，人口數量都沒能趕上隋朝十餘年間增長的。

朝隋

在傳宗接代這一塊，
你不太行啊小老弟！

朝唐

🪙 不管是誰都會覺得隋朝真的穩，非常穩，輕輕鬆鬆就人口翻倍，隨隨便便就有三十年的存糧，這麼強大的王朝，怎麼折騰都不會垮吧？

皇上，今天是去聽曲呢？還是去遊山玩水呢？

這還用問嗎？當然是先去聽曲，再去遊山玩水啦！

🪙 估計當時沒人能猜到，隋朝連吃完存糧的機會都沒有 —— 隋文帝去世僅十五年後，他就轟然倒下了。怎麼會這樣呢？

下集，我們有請知名敗家子現身說法！

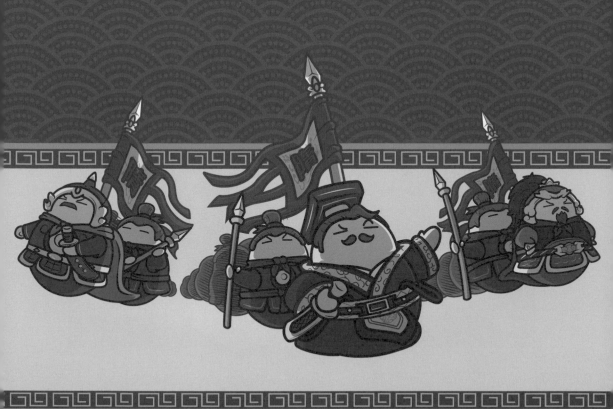

2

隋朝篇（下）

史上最敗家皇帝

🜲 西元五九八年，就是隋文帝登基的第十八年，朝廷接到急報，邊境守軍遭高句麗的偷襲，損失非常慘重。

隋朝十八歲啦，願上天保我大隋……

陛下放心，願望一定會實現的！

元氣滿滿的一年又開始啦！

報！！啟稟陛下！
邊境被高句麗偷襲了！

🜲 高句麗是何方神聖？就是隋朝在東北的鄰國。

　　早在漢朝時期，這個國家就已經出現，而且隔三岔五就和中原王朝開戰。

作戰計畫

一三五破壞城牆！
二四六燒農田！

 高句麗像打不死的小強，有好幾次被擊敗，都城被夷為平地了，就是賴著不亡國。

 對於高句麗的過往，隋文帝沒有興趣。

他只知道自己活至五十多歲，前半生掃平大江南北，只有他掄起拳頭揍別人，沒誰敢對他動手。

📖 隋文帝怒了 —— 皇帝很生氣，後果很嚴重，他調集三十萬水陸大軍，前去攻打高句麗。

📖 隋朝大軍於六月歸來。

然而，他們不是光速滅敵後凱旋，而是死傷慘重敗逃回來。

因為船隊遭遇風暴，部分陸軍因缺糧和疫病而死……

📖 但高句麗還是被隋軍的陣勢嚇到了，連忙求和，讓隋文帝挽回點顏面。
可沒有揍到人還損兵折將的事實，讓隋文帝心裡始終不太舒服。

📖 西元六〇四年，隋文帝楊堅去世，他的兒子楊廣繼承帝位，即隋煬帝。
隋煬帝是個超級好戰的人，繼位後天天想著怎麼打敗高句麗，替父皇雪恥。

對付難纏的高句麗之前，隋煬帝準備先滅掉幾個雜兵練手。

一是為了賺經驗值，二是避免和高句麗對決時被這些小怪騷擾。

西元六〇五年，隋軍擊敗契丹（北方游牧民族）。

西元六〇八年，隋軍滅吐谷渾（位於今青海）。

西元六一〇年，隋軍遠征流求（今臺灣）。

隋軍在前線刷經驗的同時，後方正進行著一項浩大的工程 —— 修運河。

隋朝需要從全國調集兵馬、糧草。全部走陸路運輸，效率非常低，但又沒有可以直達的水路，所以隋煬帝決定直接挖幾條水路出來，這樣方便對高句麗發動更大規模的戰爭。

隋煬帝下令開鑿永濟渠、通濟渠和山陽瀆、江南運河，總長二千七百餘公里。這條運河跨度很大，連接中國五大水系，從北方的海河到南方的錢塘江一線貫通。

隋運河分布圖

也就是說，你可以坐船直接從杭州到北京。這是從人類誕生到當時為止，世界上規模最大的運河，堪稱奇蹟。

然而，奇蹟背後埋葬了無數枯骨，這條大運河從西元六〇五年動工，西元六一〇年就完工了。

🪨 因為隋煬帝徵調了幾百萬工人，一刻不停地趕工。

由於勞累和各種疫病的攻擊，半數以上的工人都沒能活著回到家鄉。一時間，民怨四起。

🪨 付出這麼巨大的代價，隋朝卻沒有從修運河中收穫太多好處。

雖然說「想要富，先修路」，運河帶來的交通便利確實能促進商業繁榮、經濟發展，但這是十幾年以後才能看到的效果。

而運河在軍事上的用途倒是立刻體現了，全國各地的隋軍沿著運河，前往涿郡（今北京）集合。

隋朝迅速湊出一百一十三萬人的大軍，再加上修建大運河的隨軍民夫二百三十萬人，浩浩蕩蕩攻向高句麗，據說隊伍有四百八十公里長。

📖 事情是這樣的，高句麗人以遼河為防線，那時遼河要到四月分才會解凍，所以隋軍趕在三月到達，準備從冰封的河面攻過去。

🍪 萬萬沒想到，西元六一二年的第一陣春風比以往時候來得更早一些，遼河解凍了⋯⋯

📖 儘管已經喪失先機，隋煬帝還是下令強行修橋渡河，結果隋軍施工到一半被襲擊，損失慘重，還掛了好幾位將軍。

📖 儘管剩下的隋軍很勇猛，頂著扔過來的石頭、箭矢把橋修完了，隋煬帝依然非常生氣，他不能容忍任何失敗，於是把所有將領都叫來痛罵了一番。

🥟 發完火後，隋煬帝決定，大軍渡江後就分兵 N 路，同時攻打高句麗的各個城池。

穩一點，組織一下，來個分兵！

🥟 他還定下一條新規矩：每路隋軍在行動前，必須向他詳細彙報，由他來做最終決定。

還用你說？我早就已經動手……

哇！將軍！好機會！敵人現在毫無防備！快動手吧！

寫報告了！

📖 西元六一二年還沒有電話，所以需要人騎著馬去傳令。

隋煬帝定的這規矩⋯⋯
可謂是相當蠢⋯⋯

📖 假如某隊隋軍發現敵人，然後寫封報告：

「敵人毫無防備，在做飯，打？」

📖 三、四天後隋煬帝收到資訊，回覆說：

「打他啊！」

📖 又過了三、四天，隋軍終於接到命令⋯⋯

陛下的命令來了！全軍準備出擊！

是！

📖 但此時敵人已經吃飽飯、磨好刀，生龍活虎地等著作戰，請問隋軍動手還是不動手呢？

盯著你好幾天了！
全軍出擊做什麼去呀？

📖 形勢瞬息萬變，戰機稍縱即逝。

隋煬帝定的這個規矩，讓隋軍的反應永遠慢半拍，百萬人像無頭蒼蠅一樣，在高句麗境內轉來轉去。

將軍！前方又發現有敵營駐紮！

快！隱蔽！

噓！我們就隱藏在這裡！
等待陛下回覆！！

📖 再加上高句麗人非常狡猾，從不正面交戰，一股腦地偷襲隋軍，隋軍就這麼活活被玩殘了。

📖 最終，各路隋軍都崩潰了，三十萬人戰死，剩下的士兵被迫撤退回國。

到這時，我們還只能說隋煬帝帶兵打仗不太行。

但他接下來做的事，完美證明自己思想出了問題。

西元六一三年，隋煬帝派十萬人進攻高句麗，結果無功而返。
西元六一四年，他又派十萬人過去，衝破第一道防線，但拿不下遼河。

高句麗人假意投降哄他，他又下令撤兵了⋯⋯

為了出這口氣，隋煬帝把隋朝拖進戰爭的泥潭。

一次又一次的失敗，還有恐怖的傷亡數字，讓隋軍從將領到小兵都不願意再為隋煬帝賣命，厭戰情緒瘋狂蔓延。

🪙 戰爭帶來的龐大開銷，對老百姓來說也是沉重的負擔。

光是為了往前線輸送糧草，隋煬帝就動用十多萬「外來工」，伙食不夠還要日夜趕路，餓死、累死者不計其數。

🪙 更糟糕的是，隋煬帝不僅好大喜功，日常生活也非常奢侈。

他每年都要出巡，自己去就算了，還把後宮佳麗、文武大臣，全都捎上一起旅遊。

這麼多人要吃喝玩樂，全都是沿途的老百姓出錢出力，好生伺候著。

如果隋煬帝想去什麼偏僻的地方玩，你還不能讓他吃一點顛簸的苦，必須替他開闢一條新路出來。

如果隋煬帝嫌遊船不夠氣派，還必須替他造大船，要求有四層樓、帶大殿，可以直接在船裡上朝。

隋煬帝這人還特別樂於打腫臉充胖子，每年正月，外國商人使團齊聚都城時，隋煬帝都要動用三萬歌伎為他們表演。

😊 隋煬帝還逼著城中百姓強行裝富，賣菜的都改賣奇珍異寶，飯店要熱情邀請外國使者免費吃大餐。

好特別的水壺，感覺暖暖的，很貼心，用來裝水特別精緻！！

娘，爹的尿壺你也偷來賣？!

小孩子懂什麼！奇珍異寶就是奇特且稀有才叫這個名字的！看他多喜歡！

😊 最奇葩的是，隋煬帝還下令用精美的真絲掛滿城裡的每一棵樹，只是為了向外國人炫耀隋朝的富有。

但老外也不傻，直接發出靈魂拷問：

「在路上看到有窮人衣衫破爛，為什麼不拿這些絲綢給他們穿？」

嗯哼，我們這裡有個說法叫「財不露白」！再有錢也得穿得像乞丐一樣！

哦，原來如此……

👑 隋文帝在位時，除了和高句麗打仗吃過虧，其他方面都還可以，基本上算國泰民安。隋煬帝上臺這十幾年，不僅繼續在和高句麗打仗的問題上栽跟頭，還為了一己之私，把全國上下折騰得要死，簡直是個典型的敗家子。

👑 隋煬帝第二次遠征高句麗時，留守國內的部下就叛變了，這件事卻沒有引起他的警覺，他還是像之前一樣揮霍家底。

最終，各地百姓開始紛紛起義，李淵、梁師都等隋朝大臣也紛紛離職單飛。無比強盛的隋朝，幾乎在一瞬間土崩瓦解。

人心盡失的隋煬帝，自知末日已經不遠，每天飲酒取樂，沉醉在後宮佳麗的溫柔鄉，想要逃避現實。

每當酒醒了，他就拿起鏡子照照，然後自嘲道：「真是顆好頭，不知會被誰砍掉。」

西元六一八年三月，叛軍終於殺到他面前。

隋煬帝還想保留一點最後的倔強，要求服毒自殺，他認為這才是帝王的死法。

叛軍冷笑著表示：「您也配？」隨後將隋煬帝活活勒死。

🍪 隋朝就像一個倒楣的農夫，辛辛苦苦把樹栽下去，創立各種制度，修各種大工程，自己卻在開花結果前就掛了……

🍪 但不用覺得遺憾，至少後人還能在樹下乘涼。

3
唐朝篇（上）

萬邦稱臣「天可汗」

華人華僑在海外聚居的地方，往往被外國人叫做「唐人街」。

東南亞很多國家至今還稱呼中國人的姓氏為「唐姓」，中國來的貨物還被稱為「唐貨」。

這裡面「唐」字的由來，就是從中國古代的唐朝演化而來。

因為唐朝曾經無比強大，給外國人留下很深的印象，千百年後的今天，他們依然把「唐」做為中國的代名詞。

今天我們就來好好追憶一下唐朝的傳奇。

🍚 唐朝的開創者叫李淵，原本是隋朝重臣，後來不願意替人打工，想自己當老闆。

淵淵！

寶寶！

誰啊！大半夜的幹什麼？

硡！

陛下有急事召見你！

我不是剛從大殿回家嗎？難道我就不能有一點私人時間嗎？

可別忘了你是重臣哦，要擺清楚自己的位置！

好吧，我知道該怎麼做了……

西元六一七年，李淵起兵造反，逼走隋朝皇帝，建立唐朝，自己做皇帝，就是有名的唐高祖。

剛建立的唐朝，僅控制著北方的一部分區域。

全國的其他地方有一堆占山頭的土地主，有大群起義的農民，還有一些隋朝的叛將，個個都不是好惹的主。

雖然我們可以站在上帝視角看歷史，知道他們都沒有主角光環，最後都被李淵滅掉。

沖杯茶就沒事了！

但對不知道未來如何的李淵而言，他要和這些人輪流打擂臺，才能一統江山，每回都是在賭命，誰輸誰死，很容易賭出心臟病來。

還……還有誰？

兄弟們，讓他看看我們義軍的厲害！

義軍往後站，我們叛軍先上！

不是吧?! 還有這麼多？
難道朕要死在這裡了嗎？

還好有顆「速效救心丸」，就是李淵的正宮夫人生的二兒子，名叫李世民。
這孩子天生是一塊打仗的料，年紀輕輕就能帶兵上戰場。

李淵曾經對李世民許諾：

眼看有美好的未來在前面等著，李世民的戰鬥力瞬間翻倍。

他和李淵的其他部下一起花了幾年時間，掃除統一之路上的所有對手。

> 太子之位這下肯定是我的了！

實現統一後，李淵用寵溺的眼神看著立下
大功的李世民：

> 爸爸愛你，爸爸感謝你！

然後話鋒一轉：

> 但皇位還是準備傳給你哥喲！

李世民心裡委屈啊！實在是氣不過！不過他轉念一想：

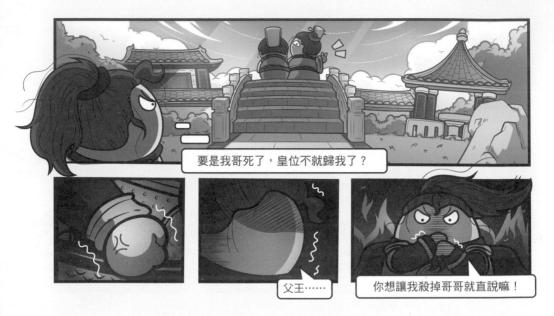

要是我哥死了，皇位不就歸我了？

父王……

你想讓我殺掉哥哥就直說嘛！

李世民帶兵殺掉當太子的哥哥，隨後逼說話不算話的老爸直接讓位給自己，史稱「玄武門之變」。

好吧！現在你是太子了！

不，我不要當太子了！

不當太子？那你要什麼？

這次我要當皇帝！
你直接傳位給我吧！

而李世民也成為唐朝的第二位皇帝——唐太宗。

📖 因為是靠武力奪位，唐太宗總覺得會有人在背後罵自己。

自從皇上登基後，鼻炎一天比一天嚴重呀！

這兩個傢伙又在說我什麼壞話？

為了證明自己是天命所歸，他很努力地想做個好皇帝。

他鼓勵群臣批評自己，提出不一樣的意見，還派人到處問百姓對朝廷的看法，盡力滿足平民的要求。

因此唐太宗經常在朝堂上被一群大臣噴得下不了臺，其中最著名的「噴子」就是魏徵，他一生因為大大小小的事情上諫了二百多次，極其囉唆，而且說話極其難聽。

🥟 某天，唐太宗出去旅遊，嫌沿途縣令供奉給他的東西不好，就開始發脾氣、耍性子，旁邊的魏徵幽幽地說：

🥟 唐太宗一聽他把自己比做亡國之君，頓時愈想愈不對勁、脊背發涼……

朝廷中像魏徵這樣的人，多到數都數不過來，你可以想像一下，唐太宗平時過的是什麼日子。

但話說得再難聽，唐太宗也沒有殺他們或怎麼樣，反而會表揚直言上諫的人。

🗨 魏徵去世時，唐太宗甚至傷心得五天不上朝，還叫文武百官為他送行。

🗨 但受的氣總得找誰來發洩吧，因此他對周邊的各國、各部落就沒有這麼客氣了。

基本態度如下：願意臣服唐朝，那好；要是想找碴，那就來打仗吧。

西元六三〇年，唐滅東突厥汗國，西域諸國臣服，尊稱唐太宗為「天可汗」。

西元六三八年，唐擊敗吐蕃，吐蕃選擇和唐朝公主和親，從此稱臣納貢。

西元六四五年，唐太宗親征高句麗，攻占十多座城池。

不過，最給唐太宗長面子的應該要數「攻打天竺（印度）叛軍」事件。他派了叫王玄策的人，帶一隊使團去天竺訪問。

走到半路，天竺發生政變，叛軍首領登上王位，派人把唐朝使團給劫了。

後來王玄策和蔣師仁逃出，向吐蕃與泥婆羅國（今尼泊爾）借兵，然後跑去報仇。

三天之內，王玄策就大敗天竺軍，斬獲三千顆人頭，上萬敵軍被逼進河裡淹死。

叛軍首領的一家老小都被他抓了，送回都城獻給唐太宗，唐太宗笑盈盈地看著跪在面前的叛軍首領，開啟嘲諷模式。

📖 老百姓能安心過日子，周圍敵人又被打趴，唐朝以十分驚人的速度成長為世界級強國。

因為唐太宗的年號為「貞觀」，這段輝煌被稱為貞觀之治。

📖 唐太宗駕崩後，繼位的是他兒子唐高宗。這位皇帝的政策沒什麼好說的，基本上就是學老爹的樣子，一切按部就班地來。

愛卿們少安冊躁，朕先看看先皇在這件事上是怎麼做的！

比較搶戲的倒是他老婆——武則天，她曾經是太宗的後宮佳麗，後來又被高宗寵幸，立為皇后。

你父皇還有很多本領書上沒寫，你娶我，我來教你！

寵到什麼程度呢？高宗把國事都交給她處理，還和她平起平坐。他們被並稱為「二聖」，簡直就是天皇與天后。

聖上日夜操勞過度，今日就由我代他上朝，眾卿平身！

🗨 然而，他比武則天死得早，那就只剩下「一聖」了，武則天徹底把持朝政。

眾愛卿別哭了！皇帝走了，這不還有我嗎？

🗨 李家的江山落到外姓人手裡，自然會有很多人反對。

〈詠鵝〉的作者——著名詩人駱賓王，就是一位堅定的「反武者」。他說十句話，九句在罵武則天，還因為諷刺她坐過牢。

就算你關住了我的人，也關不住我的嘴！！

從牢裡被放出去後，駱賓王乾脆找到一群志同道合的人，打算起兵造反要殺掉武則天。

還寫下了最出名的罵人古文之一〈為徐敬業討武曌檄〉，這篇文章細數武則天是怎麼耍花招得寵，連「狐狸精」這種詞都罵出來了，然後當場揭穿她想當皇帝的陰謀，號召全天下一起罵她。

📖 但是，一位好的文學家，不等於是一位優秀的軍事家。

　　駱賓王和同伴們沒掀起什麼大風大浪就被武則天滅了，他也下落不明，據說是在亂軍中被殺了。

📖 對於其他像駱賓王這樣的人，武則天倒也爽快，儘管放馬過來，來多少殺多少。

🔖 等該殺的人都殺完了，大家都閉嘴了，服了。

西元六九〇年，武則天稱帝，成為中國唯一一位女皇帝，並且改名為武曌，意思是「日月凌空，普照大地」。

🔖 武則天執政時，前半段的功績還是對得起這個名字。

在她的統治之下，那些透過科舉考試選拔出的人才，一個接一個得到重用，有能力就行，沒必要看貴族血統。

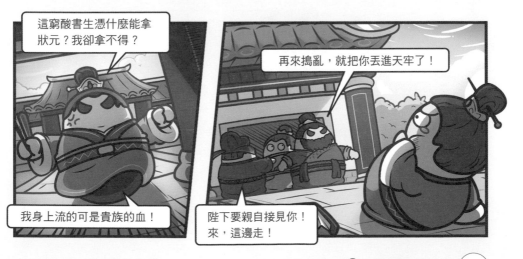

這窮酸書生憑什麼能拿狀元？我卻拿不得？

我身上流的可是貴族的血！

再來搗亂，就把你丟進天牢了！

陛下要親自接見你！來，這邊走！

🪨 典型代表就是狄仁傑，他當上了武則天的宰相。

武則天還特別重視農業發展，叫人編寫農務指導資料，派發到全國每個縣。

還盡力降低農民身上的賦稅，讓他們負擔少一些。唐朝的農業愈來愈繁榮，國力遠強於貞觀時期。

不過，晚年的武則天也做過一些蠢事。

📖 例如過於沉迷拜佛，興師動眾修了很多佛寺。

　　她還命令全天下人不准殺生吃肉，天災一來，老百姓沒糧食吃，河裡滿是魚蝦卻不能撈，搞得很多人活活餓死。

爹，我也想吃魚……

📖 又例如，她和男寵廝混，幾乎不理朝政。

她還太過信任自家的親戚，他們要是說誰的壞話，武則天都不思考一下，就提著刀上門去殺人了。

📖 導致文武百官無心幹活，整天都在想著怎麼討好她的男寵和親戚。

武則天女士前後的巨大反差證明了一個道理：賢明的君主也是會變的。在不遠的未來，唐朝會再次證明這個道理。

但代價就是自己的國運。

4

唐朝篇（中）

埋下亡國禍根的「安史之亂」

西元七五六年，才四十四歲就滿頭白髮的杜甫，坐在長安城的一片殘垣斷壁上，望著遠方直衝天空的硝煙。

他的腦海裡寫著十萬個為什麼……
曾經無比繁華的都城，為什麼會瞬間變成廢墟？
曾經無比強大的唐朝，為什麼會變成烽火連天的亂世？

📖 時間回到杜甫出生的西元七一二年……

　　那一年，皇族的李隆基繼位，即唐玄宗，年號從此改為「開元」。

甫兒快看！是皇上！沒想到我們還有機會沾沾皇氣！

📖 他能坐上這個皇位，可以說相當不容易。

　　之前的女皇帝武則天，在挑選繼承人的問題上非常糾結，導致皇族為了爭權開始瘋狂內鬥。

看好我？莫非……這是某種暗示？暗示皇位……

大白天的做什麼白日夢?!

愛卿有心了，先下去吧，朕看好你哦！

皇位是我的！

不僅官員們在鬥，由於武則天帶頭，后妃、公主們也進來插一腳，想當第二個女皇帝。

短短的七年時間裡，發生了 N 次奪位、政變。

這場大逃殺的遊戲中，李隆基的生母被人害死，他又殺了自己的伯母和姑姑，他爹還被他逼得自願放棄皇位……李隆基是一路踩著家人的血登基的。

☁ 還好唐玄宗把他宮鬥時的智慧用到管理國家上。

他的前半輩子用兩個字形容——「明君」。

☁ 他處處以曾祖父唐太宗為榜樣，對國家非常用心，大大小小的事都要親自過問。例如，縣令這種地方小官，居然都是唐玄宗親自挑選，全國縣令的政績也是他在考核。

天高皇帝遠？不存在！

這次的政績怕是要露餡了，被發現我們就完蛋了……

你剛剛說誰笨蛋？再說一遍！

我不怕，哪個笨蛋會在意我們這種犄角旮旯的地方?!

茅房

在中央朝廷裡，他任用賢臣，像是宰相姚崇、韓休。

有兩位愛卿在，朕的江山勢必穩如泰山啊！

這兩人與其說是宰相，倒更像唐玄宗的「嚴父」。

姚崇一上任就替唐玄宗定規矩，有一條做不到的話，他就拿辭職要脅唐玄宗。

不許鋪張浪費建宮殿
不許讓太監干政
不許對皇親國戚法外開恩
不許為了功名隨便開戰

韓休更是唐玄宗的心理陰影，唐玄宗每次開個派對、旅遊或亂花錢，都像犯錯、心虛的三歲小孩 —— 不停問旁邊的人：

「這事沒有暴露給韓休吧？」

但往往話音還沒落，韓休就已經跑來批評他了。

📖 唐玄宗一天天被「嚴父」們管著，都開始自閉了。他對著鏡子發愣，旁邊的侍衛心疼地對他說：

「自從韓休當宰相，陛下都瘦了！」

📖 唐玄宗長嘆一口氣：

「雖然我瘦了，但大唐肥了！」

📖 沒錯，在唐玄宗的勵精圖治之下，唐朝變得空前強大。

還記得大詩人杜甫嗎？

📖 他對這段光輝歲月的描述是：小小的縣裡都有上萬戶人家，乾淨優質的糧食堆滿了官府和民間的倉庫，道路上沒有劫匪、豺狼，出門從不用挑良辰吉日。

娘，妳看到了嗎？這就是大唐盛世，我要好好地記錄下來，流傳千古！

📖 杜甫年輕時，有幸見證這段盛世。

地球上知道唐朝存在的人，也都以唐朝為榜樣。

很多外國使者都到唐朝做客，尤其以隔壁的日本最狂熱，他們派出大批遣唐使過來參觀學習取經。

一郎快看！斯勾伊＊！

都淡定一點，別像個鄉巴佬一樣！

＊ 網路流行詞，日語すごい的音譯，「厲害」的意思。

唐朝對這些誠心想交友的異族人，也是毫無保留地好好招待，有些異族人甚至當了大官。

例如某位日本人就成為國家圖書館館長兼軍械部長；有些高句麗人、突厥人成為統領數萬士兵的大將軍。

日本　　　高句麗　　　突厥

同有突厥血統的安祿山、史思明，則被唐玄宗任命為手握軍政大權的地方官。

大家記住這兩個名字，不久之後，他們將改寫唐朝的歷史！

別亂講哦，我倆可是「終臣」。

史思明　　安祿山

話說唐玄宗創造了盛世，感覺自己已經沒有什麼追求，決定好好享受人生，開始貪圖享樂，不怎麼管事了。

拿筆來！

人生啊……

是時候展現真正的技術了！

帶給他快樂的那個人，大家都不陌生，就是「四大美女」之一──楊玉環。

環環！妳來啦！看！朕給妳烤的雞翅！

以今天的俗話來說，唐玄宗娶楊玉環應該算「扒灰」。

因為楊玉環原本是他的兒媳婦，後來唐玄宗看中她的姿色，就逼兒子和她「離婚」。然後把她帶進宮，封為貴妃，壓根沒把倫理綱常放在眼裡。

自從和楊貴妃在一起，唐玄宗整天沉迷在溫柔鄉，油瓶子倒了都不知道扶，只知道忙著欣賞愛妃的絕世美顏。

從早上醒來到晚上做夢，都在想怎麼哄楊貴妃開心。

🍖 楊貴妃想自己出場時有首背景音樂，他就親手譜了《霓裳羽衣曲》。

皇上，夜深了，請保重龍體！

笑話，區區龍體，能和環環相比?!

🍖 楊貴妃喜歡吃荔枝，他就喊人千里迢迢從南方運來，完全不惜血本。

陛下！不能再繼續這樣下去了！全城的馬都已經累死了！

誰說沒馬就不行，你這不挺快的嗎？

🍖 還好當時韓休已經去世，不然看見他這麼瞎折騰，真要氣得跳起來罵他！

🗨 因為楊貴妃受寵，她家親戚也飛上枝頭變鳳凰。

楊貴妃的遠房堂哥楊國忠，原本是整天賭博的混混，靠著這點血緣關係，竟然當上唐朝宰相。

聖旨到！平民楊國忠，一表人才，才高八斗，現封為宰相！欽此！

我花光所有運氣，卻坐上宰相之位！怪不得之前賭博就一直沒贏過！！

🗨 走後門上位就算了，楊國忠人品還有問題。天天搞貪汙腐敗，到處排擠和他意見不合的人，朝廷變得一片混亂。

陛下！劉大人好歹是我國之重臣，穿得這麼寒酸是有意辱我國風！

我看他就是裝清高！

臣冤枉啊！臣冤枉啊！臣是向來樸素慣了！

不，這樣邋遢是擺明不把聖上放在眼裡！

📖 要是排擠文弱書生也罷，他偏偏跑去排擠手裡有兵的安祿山……

📖 西元七五五年，被惹毛的安祿山和史思明聯手，以誅殺奸臣楊國忠為名起兵造反。

雖然叛軍的戰鬥力爆表，短時間內占領華北，但局勢還算不上太要命。
　　因為全國大多數地區仍然在朝廷的掌握之中，很多有能力的將領仍然忠於唐玄宗。

有將領決定以死守為主，不和叛軍硬碰硬，想慢慢把他們耗死。

🗨 然而唐玄宗再次展現昏庸的一面，他覺得這是消極抵抗，就賜死兩位將軍，害得唐軍軍心大亂。

🗨 此後，唐玄宗又叫另一位將領直接去打叛軍。

　　這將軍不想腦袋搬家，只能硬著頭皮帶士兵上，結果中了叛軍埋伏，十多萬唐軍全軍覆滅。

從此戰局急轉直下，叛軍再無人可擋。

唐玄宗這下慌了，帶著一家老小匆忙出逃，隨後叛軍攻陷都城長安。

鑑於這件事是唐玄宗咎由自取，手下們都氣得要死。

他們逃到半路便不願意賣命，直接剁了楊國忠出氣。

🗣 他們還要求唐玄宗處死楊貴妃，為了平息手下、將士的怒火，唐玄宗只能遞給貴妃一條白綾……

🗣 唐玄宗不僅丟了老婆，還丟了皇位，他兒子覺得這人已經廢了，指望個廢人，那唐朝就真完了。

於是，唐玄宗的兒子自行宣布登基掌權，就是唐肅宗，然後開始指揮平叛。

聽到這個消息，杜甫立刻離開家人，想投奔唐肅宗，為國效力。

但倒楣的杜甫在半路被叛軍抓住，扭送到已經淪陷的長安城。

🗨 杜甫坐在蕭條的長安街頭回想：

這裡幾年前還是繁華的都市，大唐幾年前還是和平安寧的國度……

想著想著就悲從中來，寫下那首〈春望〉。

國破山河在，城春草木深。

感時花濺淚，恨別鳥驚心。

烽火連三月，家書抵萬金。

白頭搔更短，渾欲不勝簪。

愈想愈傷悲！

🗨 唐朝用了八年時間，從各地調動幾十萬軍隊，才終於消滅安史叛軍。

如果不是叛軍喜歡內鬥，讓自己的戰鬥力大打折扣，平叛可能還需要花更長的時間！

🗨 唐玄宗到死都沒看到這一天，在悔恨和遺憾中去世了。

平定安史之亂後，回頭看看大唐江山，北方幾乎變成廢墟，生靈塗炭，人口銳減。

這場戰爭前，唐朝約有五千三百萬人口，到了戰爭結束時，僅剩下一千七百萬人。

由於邊疆的軍隊都被召回來解決內亂，周圍原本臣服的各國、各部落，紛紛起了異心，再次成為威脅。

為了盡快解決叛軍，朝廷對於投降的叛軍來者不拒，將他們就地安置。

實際上，這樣做會培養出無數「地頭蛇」……

地頭蛇盤在那裡吐舌頭，等待著能張嘴咬死唐朝的一天。

滅亡的種子，已經悄悄埋下！

5

唐朝篇（下）

永不消失的「唐朝魂」

上一章說到，唐朝花了八年平定安史之亂。

為了盡快解決戰鬥，唐朝調回大批駐守邊疆的軍隊，還招降很多叛軍將領，將他們就地安置成地方官，這卻成為內憂外患的導火線。

西元七六二年，回紇與唐朝軍隊大敗叛軍史朝義軍，攻下東京（今洛陽）。次年，吐蕃趁著邊疆沒什麼人把守，派大軍入侵長安。

當時在位的是唐代宗，也學祖宗唐玄宗的樣子，拍拍屁股就趕緊溜了，還打起遷都的主意，沒準備再回長安。

這時有人站出來了：

這個人便是唐朝名將郭子儀。

安史之亂時，郭子儀就充當救火隊員，從南打到北，從東打到西，哪裡有叛軍就去哪裡。

這次他又在危難中挺身而出，當時情況緊急，郭子儀總共才帶幾十個親兵，就匆匆忙忙上戰場。

沿路收編逃跑的殘兵敗將，才勉強湊了幾千人，而對面吐蕃軍數量是他的N倍。

到時候會如數奉還這些草人的！你的功勞朝廷也會記住的！

將軍！終於湊滿四千人啦！

好說！好說！

郭子儀使出疑兵之計，喊人天天在吐蕃的軍隊對面敲鑼打鼓，晚上就點一大堆篝火，假裝自己這邊有很多人。

鏘！鏘！

鏘鏘！

哇！瞧對面這火光，營地得多少人啊?!

走水*啦！走水啦！

鏘！

快救火！稻草人著火了！

＊ 失火的意思。

還派人到處放話給吐蕃士兵聽，說郭子儀帶了十幾萬大軍，要把他們當螞蟻一樣踩死。

吐蕃的士兵被他這番操作唬住，竟然被嚇跑了，長安順利被收復。

之後的歲月裡，郭子儀一次又一次展現「大唐救星」的身分。西元七六四年，回紇與吐蕃再次入侵，中了郭子儀的埋伏，不戰而退。

下面的吐蕃人給我聽著，你們已經被我包圍啦！

糟糕！是郭魔頭！大家快撤！

西元七六五年，回紇與吐蕃的三十萬敵軍來襲，郭子儀隻身前往敵營，光靠一張嘴就勸得回紇人投靠唐朝，然後聯手擊潰吐蕃。

別怪我，老郭的嘴是有魔力的，我們下輩子再做兄弟吧！

老回！你醒醒啊，老回！

和大家說一個很有趣的故事：

唐代宗把公主許配給郭子儀的兒子，小夫妻某天在家鬥嘴，老公氣急了就罵老婆：

然後公主就跑回宮裡告御狀，唐代宗反問公主：

 郭子儀對唐朝忠心耿耿，但問題在於一不會複製自己，二不會長生不老。

> 當他不能再力挽狂瀾時，
> 唐朝這張股票就開始跳樓了。

 安史之亂末期，三位安史叛軍的降將被朝廷安置成地方官，他們掌管的地方叫做「河朔三鎮」。

老大！這裡就是我們接管的地方了！

這麼破爛？這是被哪個小王八蛋洗劫過了吧！下手真夠狠！

 老大……是您親自率領我們打的……

🗨 河朔三鎮就像國中之國，基本上不聽朝廷指揮，收上來的稅金也是自己花掉，還養著專屬的軍隊。

🗨 最厲害的是，地方官理論上是由朝廷任命，不是爹傳兒、兒傳孫的寶座。但這三位叛將都把自己當成王爺，堅持要將官職和地盤傳給後代。

📖 只是換人時通知朝廷，走個形式意思一下。

如果你是皇帝，你能忍？

📖 西元七八一年，其中一位降將死了，降將之子要求朝廷讓他繼承官位。

快去通知皇帝老兒，這個官位我繼承了！

這樣不太好吧？

怎麼？我就想當這麼個小小的官，難道那臭皇帝還捨不得給不成？

當時在位的是唐德宗，他想都沒想就果斷拒絕了降將之子的請求。

降將之子也是想都沒想就果斷起兵造反。

當時，郭子儀已經病重垂危，唐德宗只能派別的將軍去平叛。

本來都快要打贏了，結果唐德宗比較摳門，不肯賞賜那個有功的將軍，人家一怒之下也叛變了。

這種官軍變叛軍的劇情，在接下來的幾個月裡不斷上演，唐德宗都搞不清到底誰是敵、誰是友。

🪨 反正打著打著，長安就被攻陷了，他有幸成為唐朝第三位逃離都城的皇帝。

🪨 最後，唐德宗只能放下面子，寫了封〈罪己詔〉公告天下，就是皇帝罵自己的文章，大意就是：

做皇帝能做得這麼低三下四，也真是夠丟人了。

不過發完〈罪己詔〉後，叛亂倒是漸漸平定了。

但河朔三鎮還是老樣子，不在朝廷的掌握之中。唐德宗默認他們是國中之國，只要別叛變，你想幹嘛都行。

經歷無數背叛後，唐德宗不再信任任何將領，選擇把兵權交給自認為最可靠的人——每天陪伴在身邊的太監。

把兵權交給那些健全的男人真是太危險了，以後還是你來替朕掌兵吧！

唐德宗希望他的後繼之君，能和這些忠心耿耿的太監一起，在未來的某天解決河朔三鎮的問題。

他這麼做，什麼問題都沒解決，只解決了子孫的性命。

太監們軍權在握後，就開始胡作非為，隨意廢立唐朝的皇帝，看哪個皇帝不順眼就立刻殺掉，換個比較蠢的、聽指揮的來當傀儡使喚。

不好啦！娘娘生了個痴呆兒！

太好啦！下一任新皇就是他啦！

如果把唐朝比作一艘巨輪，那麼到現在為止，他身上已經被鑿了三個大洞：外敵入侵、藩鎮割據、宦官亂政。

📖 雖然偶爾會出一、兩個明君，拚老命來堵漏，但他們心有餘而力不足。

這要是換成別人，誰能頂得住啊……

📖 朝廷一天比一天腐朽，地方官一天比一天不服管理，老百姓生活一天比一天差，唐朝這艘船在緩緩下沉，可是唐朝連慢性死亡的機會都沒有。

因為老天爺不給面子，在前方扔了一塊大礁石……

📖 大家可能聽過一首詩：

待到秋來九月八，
我花開後百花殺。
沖天香陣透長安，
滿城盡帶黃金甲。

📖 作者名叫黃巢，據說他很不滿朝廷的腐朽，想考個官去改變這一切，卻遺憾落榜。

走出考場時，他寫下這首充滿殺氣的詩，準備用另一種方式改變這世道。

就你這水準，回家再苦讀個十年、八年再來吧！

從西元八七〇年左右開始，中原地帶連年受天災，大批災民無路可走，開始起義。

黃巢率領其中一支起義軍，而且成為最可怕的那支。

他攻陷都城長安，坐著金色大轎在街上巡遊，兌現當初寫詩時的豪言。

雖然黃巢沒有爽幾天就被反撲的唐軍滅掉。

但黃巢這次折騰，讓唐朝變成名存實亡的狀態。

首先，本就不服管理的地方官們十分驚喜地發現，朝廷比他們想像中還要不堪一擊，連個黃巢都能鬧翻天。

他們開始不滿足於當地主了，大家都想去當真‧皇帝。

眾愛卿平身！有事啟奏，無事退朝！

相公！大晚上不睡覺，你嘀嘀咕咕什麼呢？

我在練習做皇帝呢！怎麼樣？是不是有板有眼的！

其次，朝廷動用安史之亂那時的拙劣手段，為了速戰速決，把投降的黃巢手下安置成地方官，其中一位名叫朱溫。

他後來成了唐朝的掘墓人。

黃巢被收拾掉後，各地地方官開始互毆，誰贏了就能把持朝廷，身經百戰的朱溫成為最終的勝利者。

唉，一下子埋這麼多人，好累啊！

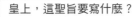 朱溫的大軍都守在都城旁邊，晃一晃手裡的刀槍，他說一，皇帝自然不敢說二。

朱……朱愛卿……你這刀……好亮……好……好閃……自己磨的嗎？

嗯?! 我准你說話了嗎？

 但朱溫還不是很滿足，他覺得要個傀儡皇帝為自己代言，很影響說話的效率，乾脆自己來坐皇位好了。

皇上，這聖旨要寫什麼？

這……朱愛卿說要寫什麼來著？

就你這記性，還是我自己來吧！

 唐朝的最後一位皇帝叫唐哀帝，西元九○七年，他被朱溫逼迫讓位，次年又被朱溫毒死。

你自己選吧！

 朱溫建立新的王朝「後梁」，「唐」這個存活二百八十九年的王朝，從此不復存在。

大王！救救我！

被我祖輩們發現唐朝滅亡了，
我怕是連鬼都做不成了！

但從某種意義上來說，他到現在都還沒有消亡，唐人街、唐裝、唐詩，都是唐朝精神和文化的延續。

一千多年後的今天，唐朝依然影響著我們每一個人。

6

五代十國篇（上）

「千古第一賣國賊」養成記

唐朝末年，皇帝軟弱，朝廷腐敗無能，地方官紛紛擁兵自重，成為割據一方的軍閥，完全不聽朝廷的命令。

聖旨到！

李大人，聖上命你挑選十名精兵入宮做他的貼身侍衛！

原來是劉公公啊，來得正好！你也幫我去給皇帝老兒下個旨！

叫他送十名妃子過來給我當丫鬟！

所謂的皇帝，早就不是一國之主了，最多只能算一宮之主。

雖然朕管不了天下，但在這後宮，朕仍是一宮之主！

西元九〇七年，做為軍閥之一的朱溫，帶兵占領都城。趕走唐朝最後一任皇帝，建立後梁政權，史稱「朱溫篡唐」。

「朱溫篡唐」這個說法，從繼承遺產的角度來看……

🗨 因為相比強盛時期的唐朝，後梁占地很小，只有中原一帶，唐朝留下的其他地盤則被各路軍閥瓜分了。

啊，這都是朕的天下了！

嗯？你這個蠢蛋拉簾子是什麼意思？

嗖

陛下，外面是其他軍閥的天下，你這樣亂說，我怕會惹禍上身……

🗨 很多軍閥不聽命於朱溫，而是自己當老闆。有一部分軍閥答應為朱溫效力，也只是應付他而已。

實際上，那些軍閥一不納糧、二不上稅、三不聽話。

陛下！米……米……

米……米沒了，陛下！

哦？他們知道上供了？

唐朝滅亡後，這種狀態持續了七十二年。

在此期間，中原地區出現以後梁為首的五個王朝，而分散各地的軍閥，先後建立了十個比較強大的國家……

話說回五代的開端──後梁，朱溫當時在皇位上坐得不怎麼安穩。

雖然後梁沒有一統天下，但占據著富庶的中原，已經足夠讓人饞到流口水了。

 不少軍閥都對後梁虎視眈眈，唐朝舊臣李克用就是其中之一。

大家看他姓李，可能以為他來自唐朝皇室。

 其實，李克用來自北方游牧民族沙陀，因為立下戰功才被賜姓「李」。

嘿嘿！這下我終於可以進入真正的皇室了！

朱溫滅掉唐朝後，李克用便和朱溫槓上了，不是在攻打後梁，就是在攻打後梁的路上。

因為李克用手下有大批精銳的沙陀騎兵，戰鬥力非常強悍！

好帥！我將來也要當沙陀騎兵！

沙什麼陀！亂喊可是要殺頭的！！

而朱溫也不是吃素的，他開創「跋隊斬」制度，即將軍如果戰死，全隊士兵都要砍頭陪葬，小兵們自然會老老實實地賣命，完全不敢偷懶。

小的們，看我萬軍叢中取敵將首級！

將軍當心啊！哇啊！

完了、完了！將軍這麼蠢，我們沒救了啊！

於是，雙方打得有來有回，誰都沒能滅掉誰，就這麼耗著……

後來，李克用和朱溫相繼離世，去天上繼續鬥毆，地上的戰爭就交給他們的兒子，展示李、朱兩家的家教時候到了。

📖 李克用在世時，是一位很嚴厲的父親，手把手教兒子們騎馬射箭，而且每回出征都要帶他們體驗沙場的血腥。

你已經斷奶了，怎麼連頭都射不準？你不配當我的兒子！

求求你直接殺了我吧！

嗖

📖 他的繼承人李存勗十一歲就開始隨父親上陣殺敵，自然是驍勇善戰！

而隔壁的朱溫先生，當爹的水準就很差了。

📖 他登基後非常熱衷於「扒灰」，隔三岔五把兒媳婦叫來陪睡，你說他兒子們的三觀能正常嗎？

📖 朱溫的第三子──朱友珪，就屬於沒有倫理道德的人。朱溫患病在床時，他直接弒父篡位。

📖 朱友珪做了後梁的皇帝後，也是荒淫無度、不理朝政。

你不是上個星期就來了嗎？
怎麼⋯⋯難道還沒見到陛下？

別提了，皇上和皇妃在裡
面下了一個月的棋⋯⋯

📖 員工孬，孬一個；老闆孬，孬一窩⋯⋯後梁從這時開始就頂不太住了！
　　於是，後梁在戰場上一次又一次敗給了李存勗，最終於西元九二三年滅亡。

你也是來找陛下稟報政務的嗎？
趴那裡等，陛下正在下棋！

我是來取他腦袋的！

此後，李存勗掌控了整個北方，建立「大唐」的國號，這便是五代中的第二代──後唐！後唐看起來元氣十足，大有一統天下的希望！

你，就是你，去找個最高的地方，把這面旗子給我掛起來！

能拿出這樣的成績，李存勗確實是一位高人，但他並非一位完人。

他的父親只教會他怎麼打仗，治國不在課綱的範圍內，所以李存勗搞政治的水準有點令人迷惑。

還有哪位愛卿有解決不了的問題，需要朕幫忙的？

在⋯⋯在陛下的英明統治下，無⋯⋯無事發生！天下太平啊！

看來治國也不難嘛，才一盞茶的時間，全部問題都被解決了呢！

李存勗非常寵信宦官，還整天和戲子混在一起，對於那些跟隨他多年的手下，反而慢慢疏遠了。

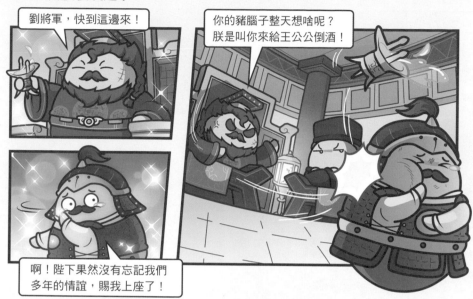

劉將軍，快到這邊來！

你的豬腦子整天想啥呢？朕是叫你來給王公公倒酒！

啊！陛下果然沒有忘記我們多年的情誼，賜我上座了！

而且李存勗是個小氣鬼，士兵替他流血、流汗打江山，這傢伙居然摳門到連撫恤金都捨不得給。

陛下！我來替戰死的兄弟們申請撫恤金！

撒手！不是朕不給，按照規定，必須是死者親自來申請，朕才可以放款！

所以，李存勖上位後，大臣們對他愈來愈不滿，各種反叛、謀逆都來了，大臣之間也是明爭暗鬥，都想著奪權。

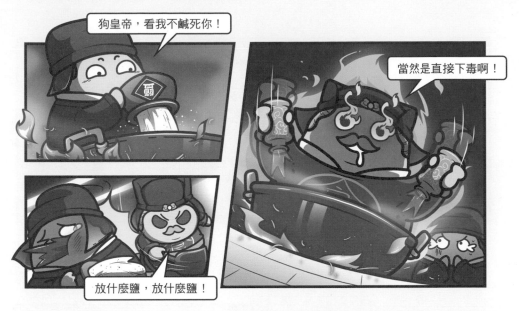

李存勖本人也在一次政變中被殺，後唐不僅沒能南下統一中國，反而使自己的實力愈來愈弱。

在後唐內鬥的腥風血雨中，一位叫石敬瑭的將領勢力逐漸壯大，他負責鎮守後唐的北部地方，指揮著十幾萬士兵！

所以，皇帝想叫他做點什麼事，還得看他的心情……

後唐的第四代皇帝想要剷除石敬瑭，可他選了最天真、最蠢的方式……

不是暗殺，不是偷襲，而是拿一紙詔書，命令石敬瑭即刻卸任轉崗。

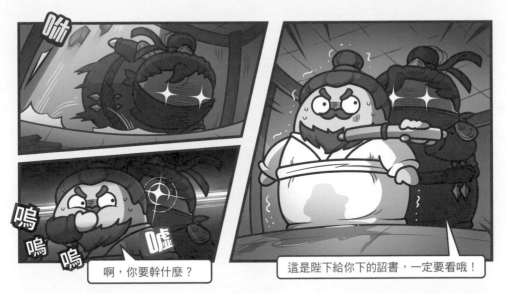

啊，你要幹什麼？

這是陛下給你下的詔書，一定要看哦！

這種方式賭的就是石敬瑭是否有良心⋯⋯然而，石敬瑭沒有，讀完詔書，他選擇即刻造反。於是，後唐內戰瞬間爆發。

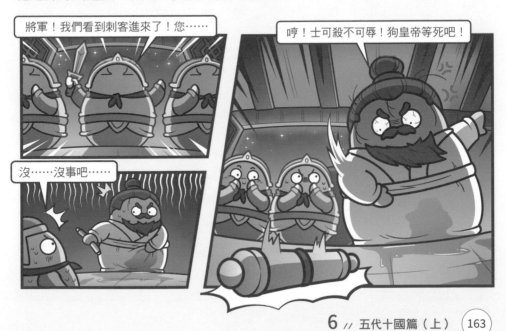

將軍！我們看到刺客進來了！您⋯⋯

沒⋯⋯沒事吧⋯⋯

哼！士可殺不可辱！狗皇帝等死吧！

剛開始時，官軍一度占著優勢，成功包圍叛軍，距離剿滅石敬瑭只有一步之遙。

但朝廷忘記一碼事，雖然說是內戰，但沒規定其他國家不能參加！

石敬瑭身陷包圍之中，選擇最可恥的求生方法，跪求他曾經抵禦的外敵 —— 游牧民族契丹 —— 來救援他。

👑 契丹是鮮卑的一個分支，在唐朝末年時崛起，成為草原上的霸主。和之前的許多游牧民族一樣，契丹也擁有非常強悍的騎兵……

👑 此時此刻，石敬瑭卻希望借契丹士兵消滅後唐，自己當皇帝。

👑 做為交換條件，石敬瑭答應向契丹稱臣，而且每年都會送禮納貢。

此外，石敬瑭還許諾從後唐的地盤裡割出一大片土地給契丹。契丹正愁找不到機會南下，所以開開心心地答應了石敬瑭。

你交代的事情，我已經幫你辦到了，別忘了你答應過我的事哦！

當然，當然！我做皇帝，你做我爹！

西元九三七年，契丹首領耶律德光親自率領五萬鐵騎出擊，和石敬瑭裡外夾擊，很快就擊潰後唐士兵，後唐都城被破，皇帝自殺。

陛下！叛軍已經殺到城下了！！

嘩

把朕的寶劍拿來！

陛……陛下！你這是幹嘛？

👑 在契丹的扶持下，石敬瑭登上皇位，建立後晉，即五代中的第三代。

👑 按照當初簽的合約，後晉每年要給契丹三十萬匹絹，石敬瑭寫給契丹首領書信，落款得自稱「兒皇帝」。

👑 要知道，石敬瑭比耶律德光大了十一歲，居然對人家叫爹……

賣國可恥，向外敵卑躬屈膝更可恥！光憑這兩點，就足夠石敬瑭遺臭萬年了！

🏛 更糟糕的是，石敬瑭割給契丹的一片土地非常特殊⋯⋯

叫做「燕雲十六州」，包括今天的北京、天津和山西、河北的一部分。

🏛 燕雲十六州有很多綿延的山脈，不利於游牧民族的騎兵作戰，千百年以來，做為天然防線守衛著背後廣闊的中原。

這裡，這裡，還有這裡，把這一片都送了！

這可是我們最後的底牌啊，陛下！

怕什麼，他可是朕的父皇啊！

📖 這麼一片戰略要地，就被石敬瑭隨隨便便送出去了。

　　自此，中原人士想對抗游牧民族再也無險可守，只能在平原上被游牧民族的騎兵追著砍，想打個勝仗比登天還難。

📖 之後的幾百年裡，N 個王朝吃的無數次敗仗，以及隨之產生的幾億軍民的死傷，全都記在石敬瑭的頭上。

因此，他被視為千古罪人，大家恨不得把他生吞活剝了。

閻王爺可能是考慮到不管後世怎麼罵，已經死了的石敬瑭都聽不見，所以他決定讓因果報應來得早些，不能讓石敬瑭太舒服了。

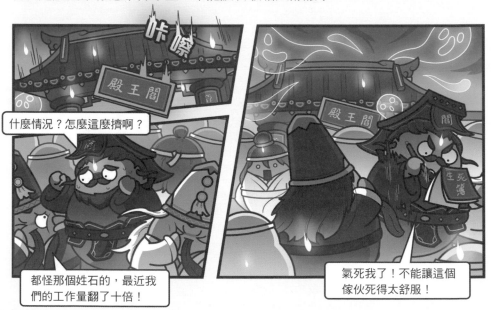

沒有骨氣的「兒皇帝」石敬瑭⋯⋯

很快將為我們展示，可能是史上最沒骨氣的死法。

靠下跪建立起來的後晉，很快將為我們證明⋯⋯

下跪不能避免滅亡，只能緩期執行死刑！！

7
五代十國篇（下）

從皇帝到「詞帝」

對一個皇帝來說，最有骨氣的死法是什麼呢？

很多人可能會答：在戰場上力戰而亡，或者在戰敗時以身殉國。

那麼我們反過來問，對一個皇帝來說，最丟臉的死法又是什麼呢？

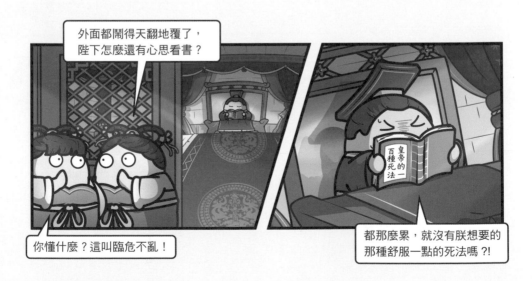

關於皇帝最丟臉的死法……

想當初，石敬瑭把燕雲十六州這片戰略要地割讓給契丹人，才借到契丹軍隊，靠外援推翻舊主，建立後晉王朝。

他當皇帝後，對契丹首領百依百順，納貢稱臣，下跪喊爹。

🥟 整個後晉，下至平民百姓，上至文武大臣，都打心眼裡瞧不起石敬瑭這個「兒皇帝」，覺得他太沒骨氣了，毫無威信可言。

🥟 老百姓最多只能暗地裡罵兩句，但大臣們可以採取實際行動。

石敬瑭登基沒幾年，後晉各地的地方官紛紛擁兵自重，成為不聽指揮的軍閥。

🥟 對於這種情況，石敬瑭心裡有數，但他只想過幾天安生日子，不想老進行打仗這種高風險活動。

只要別叛變，不聽指揮也沒關係，湊合著過吧……

但在西元九四二年，這個微妙的平衡被打破了，北方有一支游牧民族和契丹人鬧了矛盾。

投降是不可能的，但又打不過契丹，只能靠寄人籬下勉強維持生活……於是，這支民族跑去投靠後晉軍閥劉知遠。

石敬瑭這次真的頭痛，畢竟從理論上說，劉知遠是他的手下。

他的「爸爸國」——契丹，直接把帳算在他頭上，三天兩頭派人來問責，讓石敬瑭交出那支部落。

使者大人趕路累了吧！先喝口茶，歇息一下吧！

少來這套！今天你要是再交不出人，哼，我這把刀可是塗滿了劇毒……

但石敬瑭又不敢強逼劉知遠，因為劉知遠手握重兵，要是叛變就麻煩了。

劉愛卿啊，聽說你最近多了一個兒子，還是外族的？

我魅力這麼大，在哪裡不留下些風流債？有一個外族兒子很奇怪嗎？

怎麼回事？不是親生的可不要亂認哦！

你什麼意思！

我想多了！我想多了！劉愛卿別動怒！

兩邊都惹不起的石敬瑭，又慌又急，又氣又怕，整天愁眉苦臉，吃不下飯，也睡不著覺。

但不久之後，他就找到「解決方法」。根據史書記載，在巨大的壓力之下，石敬瑭很快就憂憤而亡，直接解脫了……

📖 石敬瑭夾在手下和契丹之間，被活活逼死……

📖 石敬瑭死了之後，他的侄子繼承皇位。

石敬瑭的侄子還是比較要臉的，不想跪著當皇帝，所以剛上臺就拒絕向契丹稱臣。

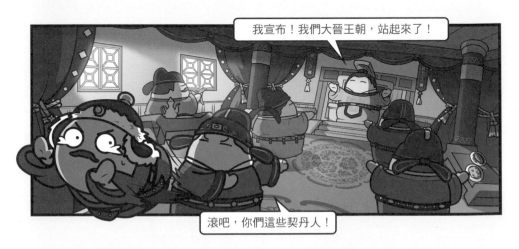

這毫無疑問會惹毛契丹，也沒什麼好說的了，打吧！
西元九四四年，契丹與後晉開戰。

戰爭的前期，雙方互有勝負，後晉皇帝還御駕親征，一度占據優勢。

但契丹非常狡猾，他們偷偷聯繫後晉的大將，許以高官厚祿，甚至用後晉的皇位做誘餌，玩起策反遊戲。

這些大將禁不住誘惑，紛紛帶著軍隊叛變了。

後晉從全副武裝的戰士，瞬間變成任人宰割的羔羊，很快就被契丹踏平了。

五代中的第三代——後晉，就此退出歷史舞臺。

🍖 這個王朝，始於一個投靠契丹的叛徒，又亡於一群投靠契丹的叛徒。

🍖 隨後，契丹人占領了整個黃河流域，並且改國號為「遼」，大有入主中原的勢頭。

📖 但當地百姓的反抗比他們想像中更激烈，到處都有起義、暴動。

📖 技能點都花在放牧的契丹人，沒什麼治國經驗，感覺有點慌，想了想還是選擇溜回老家。

前面提到的軍閥劉知遠，趁機接手無主的中原，建立五代中的第四代——後漢。

既然沒人坐這個位置，那我就不客氣了……

而古人在史書裡，對劉知遠的評價如下：

在亂世中乘虛而入當了皇帝，雖然自稱「奉天承運」，卻沒看見他展現皇帝應有的德行。

這話不是瞎說，劉知遠確實沒什麼治國水準，性格殘暴且言而無信。

例如，在戰爭期間，他曾經答應不會追究投降的契丹百姓的責任，那些百姓便信以為真，紛紛回到故土，劉知遠卻把他們全部殺光了。

可能是因為缺德會遭報應，劉知遠在位沒多久就病死了，他咽氣前安排一下後事，讓幾位輔政大臣幫兒子管江山。

大家都知道，託孤很容易產生內鬥，要嘛幾位輔政大臣爭權，要嘛皇帝和輔政大臣爭權。

新皇帝長大後，果然對輔政大臣愈看愈不順眼。在一個月黑風高之夜，皇帝誘騙他們進宮，直接把他們都砍了。

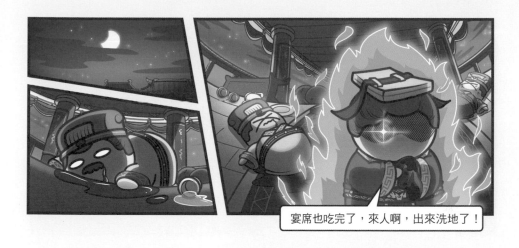

有一位叫郭威的輔政大臣，因為不在都城而逃過一劫。

但他的家人就沒那麼好運了，男女老少，就連襁褓裡的嬰兒都死於皇帝之手。

 但這位皇帝惹錯了對象，後漢全國上下最能打的人就是郭威。

他一聽說自己的家沒了，氣得立刻帶兵攻打都城，別的將領竟然完全擋不住，後漢王朝就這麼滅亡了。

我將成為你一生只能惹一次的男人！

 郭威順理成章地拿走寶座，將其做為自己的精神損失費。他建立的王朝，就是五代中的最後一代 —— 後周。

後周太祖

🗨️ 郭威在位時，主要解決「安內」的問題：
討伐不服管的軍閥，清理各地叛軍，先穩定住後周的局勢。

攘外必先安內，是時候清理清理門戶了！

🗨️ 郭威的繼承者是他的養子柴榮（親兒子被殺了），這位仁兄的人生目標就是統一天下。

兒啊，內鬼已經清理乾淨了，放手去幹吧！

🗣 他上臺後，開始整頓官場和軍隊，把不幹活的、混飯吃的人統統踢了出去，既省錢又提高戰鬥力。

把這個一天到晚帶薪拉屎的廢物給我趕出去！

🗣 然後，柴榮開始發動對外戰爭，他先派人攻打南方的一些小國，逼得人家俯首稱臣、割地求和。

求求你別殺我！別說割地了，割什麼都行！

還有北伐遼國，曾經不可一世的契丹人，竟然被打得節節敗退。當年被石敬瑭賣掉的燕雲十六州，差點就被柴榮給完全收復了。

但在最後關頭，柴榮突然得了重病，後周軍隊只能班師回朝，功虧一簣。

即便如此，柴榮還是為後周打下了大片江山，讓後周成為了五代中實力最強的一代，也是最有希望統一天下的一代。

＊ 原意是指開外掛，即「使用外掛」的意思。外掛是指某些人利用電腦技術專門針對電腦遊戲進行一些修改後，達到充分有利於自己玩遊戲的作弊程式。現在做為網路用語，近似於「超常發揮」、「超水準表現」，多含有無厘頭意味。

 但這剛燃起的希望之火，馬上被一盆水澆滅了。

柴榮遠征時得了重病，回來沒多久就撒手人寰，留下一個七歲的兒子。
　　後來，遼國趁機入侵，小皇帝很信任趙匡胤，給他一大支軍隊，讓他出征抵禦遼國。

結果，趙匡胤從都城出發，還沒走到郊區就造反了，他帶士兵闖進宮內，請（逼）小皇帝讓位給自己。

後周就此滅亡，趙匡胤改國號為「大宋」，即後來的宋朝。

---

* 一般指執行長。

 宋朝繼承後周的遺產，擁有相同實力，趙匡胤推動著歷史的車輪滾滾向前，準備統一天下。

 西元九六三年，趙匡胤開始攻打南方，消滅後蜀、南唐、南漢等小國，這些國家的皇帝紛紛淪為階下囚。

那些占山為王的軍閥和收過路費的土匪，也被趙匡胤收拾得一乾二淨。

這些小國被滅掉後，持續七十二年的五代十國時期就此結束。

南唐的最後一任皇帝名叫李煜，南唐亡國後，他被軟禁在趙匡胤的眼皮子底下。

失去皇位的悔恨，每日被監視的憋屈，思念故土的惆悵，充滿了李煜的內心，他拿起筆開始作詞，把自己的情緒刻在字裡行間。

📖 李煜作的詞，流傳下來的不多，只有四十五首，但每一首都是經典。

尤其是他被囚禁時寫的詞，優美中透露著哀傷，非常有深度：

例如……

還有大家很熟悉的……

> 問君能有幾多愁，恰似一江春水向東流。

> 流水落花春去也，天上人間。

📖 李煜因為他的才華，成為文學界公認的千古詞帝。沒錯，李煜在亡國淪為階下囚後，只是動了動手指，就再度「登基」了。

此時的宋朝皇帝和大臣們，坐擁著一個生氣勃勃又強大的國家，他們就算把李煜的詞讀上一萬遍，也理解不了亡國的痛苦。

嗯！好詩，好詩！這李煜，被我囚禁之後竟然還激發了寫詩的才能！

這全是陛下的功勞啊！

陛下為了造福天下蒼生，真是用心良苦啊！

🦪 他們滿腦子都是：只要消滅遼國這個大魔王，宋朝就天下無敵了！

🦪 誰也想不到，李煜的詞不僅是寫自己的心情，也是對未來的預言。

【未完待續……】

FUN 系列 094

王朝劇場直播中 4
賽雷三分鐘漫畫中國史【隋唐～五代十國】

作　　者 —— 賽雷
主　　編 —— 邱憶伶
責任編輯 —— 陳映儒
行銷企畫 —— 林欣梅
封面設計 —— 兒日
內頁排版 —— 張靜怡

編輯總監 —— 蘇清霖
董 事 長 —— 趙政岷
出 版 者 —— 時報文化出版企業股份有限公司
　　　　　　108019 臺北市和平西路三段 240 號 3 樓
　　　　　　發行專線 —— (02) 2306-6842
　　　　　　讀者服務專線 —— 0800-231-705・(02) 2304-7103
　　　　　　讀者服務傳真 —— (02) 2304-6858
　　　　　　郵撥 —— 19344724 時報文化出版公司
　　　　　　信箱 —— 10899 臺北華江橋郵局第 99 信箱
時報悅讀網 —— http://www.readingtimes.com.tw
電子郵件信箱 —— newstudy@readingtimes.com.tw
時報出版愛讀者粉絲團 —— https://www.facebook.com/readingtimes.2
法律顧問 —— 理律法律事務所　陳長文律師、李念祖律師
印　　刷 —— 華展印刷有限公司
初版一刷 —— 2023 年 1 月 13 日
定　　價 —— 新臺幣 380 元
（缺頁或破損的書，請寄回更換）

時報文化出版公司成立於一九七五年，
一九九九年股票上櫃公開發行，二○○八年脫離中時集團非屬旺中，
以「尊重智慧與創意的文化事業」為信念。

王朝劇場直播中 4：賽雷三分鐘漫畫中國史
【隋唐～五代十國】／賽雷著 . -- 初版 . --
臺北市：時報文化出版企業股份有限公司，
2023.1
　208 面；14.8×21 公分 . --(Fun 系列；94)
　ISBN 978-626-353-349-3（平裝）

　1. CST：中國史　2. CST：通俗史話
　3. CST：漫畫

610.9　　　　　　　　　　　111021152

本作品中文繁體版通過成都天鳶文化
傳播有限公司代理，經中南博集天卷
文化傳媒有限公司授予時報文化出版
企業股份有限公司獨家發行，非經書
面同意，不得以任何形式，任意重製
轉載。

ISBN 978-626-353-349-3
Printed in Taiwan